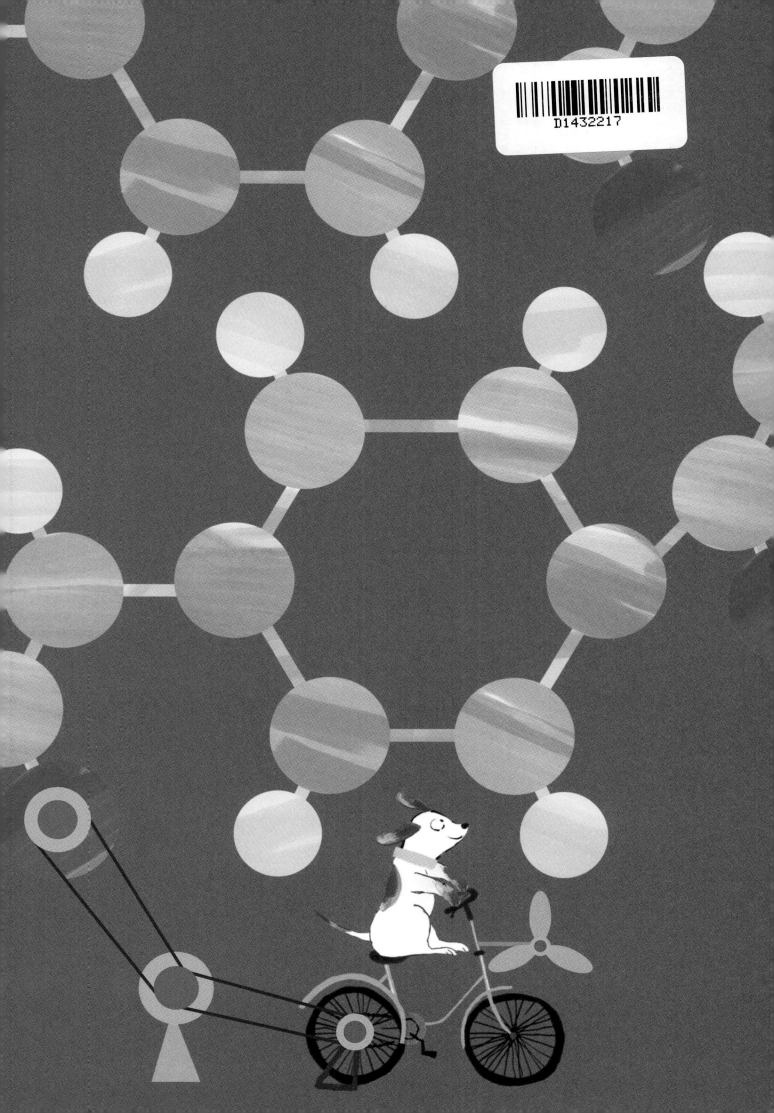

Mi nombre es **AITZIBER LOPEZ**. Nací en Aramaio, Álava, el 20 de abril de 1981, aunque me fui a vivir a Arrasate, Guipúzcoa, cuando tenía dos años. Curiosa desde pequeña, creo que siempre tuve claro que quería ser científica. Me licencié en Ciencias Químicas a los veintitrés años; tiempo después, finalicé mi doctorado. He intentado dedicar mi carrera a la investigación y por ahora he tenido suerte: he trabajado en una empresa de cosmética como desarrolladora de productos y, en estos momentos, me dedico a investigar el mundo de los biomateriales. Me encanta aprender algo nuevo todos los días.

LUCIANO LOZANO nació el mismo año que el hombre pisó la Luna. Quizá por eso desde pequeño viajó mucho. De formación autodidacta, lleva dedicándose a la ilustración desde 2007, tras realizar un posgrado de ilustración creativa en la escuela Eina de Barcelona. Desde entonces, colabora habitualmente con numerosas editoriales y revistas. Su obra ha recibido premios y reconocimientos nacional e internacionalmente.

Sus ilustraciones se caracterizan por un fuerte sentido del color y la textura, así como por el uso frecuente de técnicas tradicionales y el humor.
Actualmente reside en Barcelona.

www.ilustrista.com

Copyright del texto: © Aitziber Lopez, 2017
Copyright de las ilustraciones: © Luciano Lozano, 2018

Copyright de esta edición: © Editorial Flamboyant, S. L., 2018
www.editorialflamboyant.com

Revisión y redacción de textos: Isabel del Río
Corrección de textos: Raúl Alonso Alemany
Diseño: Noemí Maroto

1.ª edición: marzo de 2018
1.ª reimpresión: noviembre de 2018

ISBN: 978-84-947432-3-8
DL: B 1469-2018

Impreso en GPS Group, Austria

Con el apoyo del Departamento de Cultura:

Generalitat de Catalunya
**Departament
de Cultura**

Aitziber Lopez - Luciano Lozano

INVENTORAS
Y SUS INVENTOS

 Flamboyant

LA CALEFACCIÓN
PARA EL COCHE

Margaret A. Wilcox

*Nació en Chicago. Fue una de las pocas
ingenieras mecánicas de su época.
Dicen que disfrutaba pensando
inventos que pudieran mejorar la
vida de las personas y que, a la vez,
pudiera utilizar cualquiera.*

En aquella época no había calefacción en los coches, por lo que Margaret, sus vecinos y sus amigos pasaban mucho frío durante las largas horas que estaban al volante.

¡¿Te imaginas ir en el autobús en pleno invierno, con nieve a tu alrededor, y sin ningún sistema que caldee el ambiente?!

Así que, en 1893, con solo treinta y cuatro años, Margaret ideó un mecanismo para dirigir el aire caliente sobrante del motor del vehículo hasta la zona de la cabina. Quería acabar con el frío que tenían que soportar los conductores.

Su invento fue muy bien recibido entre los primeros conductores aristocráticos, pero se convirtió en un problema de seguridad al no poder controlar las altas temperaturas que alcanzaba el aire. En ese momento, su diseño no se pudo utilizar, pero fue la base de la calefacción que llevan integrados los automóviles actuales.

A esta observadora ingeniera también se le atribuye la invención de la primera lavadora.

EL MONOPOLY, UN JUEGO PARA TODOS

Elizabeth Magie Phillips

Esta empresaria y diseñadora de juguetes nació en Illinois, Estados Unidos, en 1866, en el seno de una familia que luchaba contra la esclavitud. Era muy joven cuando tuvo que abandonar la escuela para poder ayudar económicamente a los suyos. Trabajó como taquígrafa, escritora, periodista, actriz y comediante.

En su época no existían la televisión, los videojuegos, ni nada parecido. ¡Hasta los libros eran algo que escaseaba en los hogares debido a lo caros que eran! La gente se entretenía con otro tipo de divertimentos, entre ellos los juegos de mesa y de cartas. Por tanto, es fácil imaginar que la idea de Elisabeth fue todo un éxito.

Se inventó el famoso juego del Monopoly, que inicialmente se llamó «El juego del propietario». Elisabeth plasmó sus convicciones políticas en el juego para que llegaran a todo el mundo; quería que la gente se diera cuenta de que acaparar tierras y recursos era algo muy negativo, ya que hacía que unos se hicieran cada vez más ricos mientras otros se volvían más y más pobres.

El Monopoly se hizo tan popular que se ha ido modificando poco a poco, cambiando y añadiendo reglas, incluso mudando el formato según la película de moda. Así, por ejemplo, se puede encontrar el Monopoly de *Star Wars*, de *Los Simpson*, de *Legend of Zelda*... ¡Una revolución social la mar de divertida!

LOS PAÑALES DESECHABLES

Marion O'Brien Donovan

Nació en 1917 en Indiana, Estados Unidos, en el seno de una familia de inventores. Estudió literatura inglesa y trabajó como ayudante de edición en revistas de moda.

Con el nacimiento de su primera hija, Marion se enfrentó a algo que en su época era muy diferente a como es ahora: los pañales eran telas que había que lavar a mano, una y otra vez. Los pobres bebés iban constantemente mojados, y las madres (y algunos padres) acababan con las manos encarnadas de tanto frotar. ¡Qué peste!

El espíritu de inventora que corría por sus venas se puso a trabajar: Marion diseñó un cubre-pañal fabricado del mismo material que los paracaídas, de manera que evitaba el problema de la ropa de bebé mojada.

Tras aquella gran idea, Marion inventó muchas otras cosas: como el hilo dental, una percha en la que se podían colgar hasta treinta perchas o la jabonera que escurría jabón.

Pero ella quería ir más allá: desarrolló un pañal desechable confeccionado con celulosa; una idea quizá poco ecológica, pero que se comercializó y se vendió en todo el mundo. Las madres quedaban liberadas del tiempo de lavado, y los bebés, de las irritaciones y de aquella humedad constante.

EL **LAVAVAJILLAS**

Josephine Garis Cochrane

Nació en Ohio, Estados Unidos, en 1839, en el seno de una familia acomodada. Cuando era pequeña acompañaba a su padre, que era ingeniero, a las obras donde trabajaba.

Como muchas mujeres acomodadas de su época, tras casarse abandonó los estudios y se dedicó a su casa y a los negocios de la familia. Por eso, organizaba muchos eventos, cócteles y fiestas. ¿Podéis imaginar la cantidad de platos sucios que había que lavar al final del día? ¡Solo pensad en una comida de Navidad multiplicada por cinco!

Josephine diseñó una caldera de cobre con una rueda por donde se lanzaban chorros de agua caliente a los platos y los vasos colocados en una especie de baldas. ¡Y funcionó!

Tras la muerte de su marido, se hizo inventora. La máquina de lavar platos de Josephine no fue la primera, pero ella sí que fue la primera en tener la idea de comercializarla para llegar a cada hogar, restaurante y hotel que la necesitara.

EL
KEVLAR®

Stephanie Kwolek

Fue una química nacida en la Pensilvania de 1923 en el seno de una familia de inmigrantes polacos.

Se dedicaba a investigar unos compuestos llamados polímeros, cadenas largas de pequeñas moléculas cuyo nombre es monómeros, que pueden ser naturales, como la seda y la celulosa, o sintéticos, como el polietileno.

El Kevlar® es un material fuerte como el acero de una espada y ligero como una pluma. Con él se fabrican raquetas, esquíes, cuerdas, cascos de bomberos, satélites, neumáticos, cohetes espaciales y chalecos antibalas. Un descubrimiento que no solo mejora nuestras vidas, ¡sino que las puede llegar a salvar!

En 1965, Stephanie creó una sustancia líquida y opaca. Todos creyeron que se había equivocado, ya que las sustancias que habían conseguido hasta entonces eran transparentes y viscosas. A pesar del supuesto error inicial, la química estadounidense no se rindió ni rechazó el producto como habrían hecho muchos, sino que continuó trabajando hasta que reconvirtió aquella sustancia en una fibra superresistente, flexible y ligera con cientos de usos. Llamaron a esa fibra Kevlar®.

LAS
BENGALAS MARÍTIMAS

Martha Coston

Nació en Baltimore, Estados Unidos, en 1826. Cuando tenía unos dieciséis años, se fugó y se casó en secreto con Benjamin Franklin Coston, un prometedor inventor. Su historia fue un romance de los de película.

Quien tuvo la idea inicial de crear las bengalas marítimas fue Benjamin, que murió muy joven. Martha se quedó viuda con tres hijos pequeños y veintiún años de edad, pero gracias a su perseverancia consiguió mejorar y patentar el invento.

Martha se hizo pasar por hombre para mejorar uno de los inventos de su difunto marido: las bengalas marítimas. De este modo, pudo contactar con pirotécnicos para que fabricaran su idea. Y es que nunca se hubieran tomado en serio a una mujer.

Las bengalas marítimas fueron vitales para capitanes y grumetes, en una época en la que todavía no existía la radio. Se utilizaron como forma de comunicación entre barcos, especialmente de noche. El código que usaban se basaba en tres colores: blanco, rojo y verde, un lenguaje que todos los marineros conocían. Sigue siendo el método más útil para localizar barcos en mitad del mar.

EL
VIDRIO
ANTIRREFLECTANTE

Katharine Burr

Nacida en Nueva York, Estados Unidos, en 1898, fue la primera mujer en obtener un doctorado en física por la Universidad de Cambridge.

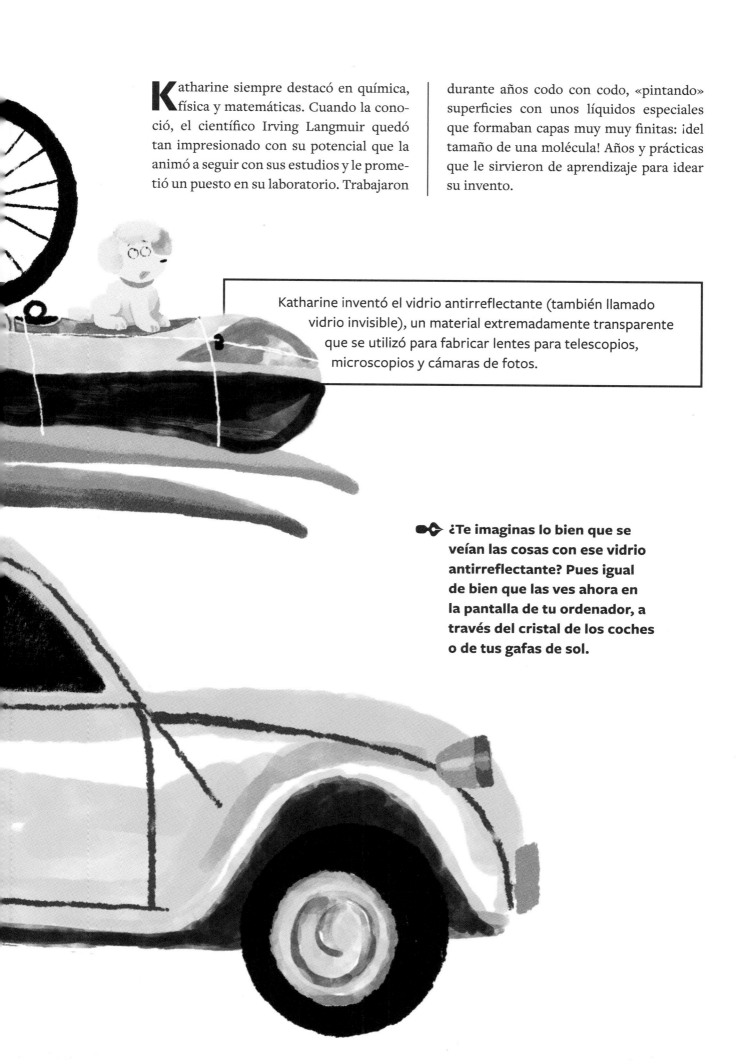

Katharine siempre destacó en química, física y matemáticas. Cuando la conoció, el científico Irving Langmuir quedó tan impresionado con su potencial que la animó a seguir con sus estudios y le prometió un puesto en su laboratorio. Trabajaron durante años codo con codo, «pintando» superficies con unos líquidos especiales que formaban capas muy muy finitas: ¡del tamaño de una molécula! Años y prácticas que le sirvieron de aprendizaje para idear su invento.

Katharine inventó el vidrio antirreflectante (también llamado vidrio invisible), un material extremadamente transparente que se utilizó para fabricar lentes para telescopios, microscopios y cámaras de fotos.

¿Te imaginas lo bien que se veían las cosas con ese vidrio antirreflectante? Pues igual de bien que las ves ahora en la pantalla de tu ordenador, a través del cristal de los coches o de tus gafas de sol.

LA
BASE DEL WIFI,
EL *BLUETOOTH* Y EL GPS

Hedy Lamarr

Nació en Austria, en la Viena de 1914, en el seno de una familia judía. Su verdadero nombre era Hedwig Eva Maria Kiesler. Además de inventora e ingeniera fue una gran estrella de Hollywood. ¡Su vida fue de película!

En plena Segunda Guerra Mundial, Hedy Lamarr y el compositor George Antheil inventaron el *sistema de comunicación secreto*. Era una forma de comunicación sin cables y a larga distancia que servía para detectar torpedos. Pero ¿sabes qué es lo más curioso?

¡El invento se inspiraba en las teclas de un piano!

Aunque no se utilizaría hasta años más tarde, la idea de Hedy fue la base para crear el wifi. Nada más ni nada menos.

El objetivo del sistema de comunicación secreto era contribuir en la lucha contra los nazis. Años antes de inventarlo y tras el escándalo que se levantó por uno de sus papeles cinematográficos, a Hedy la obligaron a casarse con un empresario vendedor de armas. Este la encerró en casa y solo la dejaba salir para asistir a actos sociales o a reuniones con altos mandos nazis. Allí aprendió mucho sobre los secretos del armamento nazi, cosa que le fue muy útil a la hora de diseñar su invento.

LA JERINGA MÉDICA

Letitia Mumford Geer

Fue una enfermera neoyorquina nacida en 1852 que inventó la primera jeringa con componentes de vidrio para manejar con una sola mano.

Puede parecer poca cosa, pero las antiguas jeringas eran de metal, duras y difíciles de usar, por lo que había que emplear ambas manos para manejarlas; y en muchos casos, para poner una inyección era necesario contar con la ayuda de un asistente.

¡¿Te imaginas que te vacunaran con eso?!

Fue un gran avance en medicina, ya que los médicos y las enfermeras podían utilizar la otra mano para otros menesteres; así podían ayudar mejor al paciente. En la actualidad, los sanitarios, sean hombres o mujeres, utilizan las tataranietas de estas jeringas, todavía más sencillas y de un solo uso.

Letitia patentó su invento en 1899. Es un ejemplo para todos, pues se preguntó cómo podía mejorar su entorno y utilizó su imaginación para inventar un objeto que facilitó el trabajo de muchas personas, y que, de paso, mejoró la salud y la vida de mucha gente.

EL
PERISCOPIO
SUBMARINO

Sarah Mather

De ella lo único que sabemos es que en 1845 patentó una idea increíble: el periscopio submarino.

El diseño patentado del periscopio submarino era algo sencillo: un tubo con una lámpara que ayudaba a iluminar debajo del agua. Según las palabras que dejó escritas la propia Sarah Mather, aquel invento servía para examinar los cascos de los barcos, para descubrir objetos bajo el agua, para la pesca o para estudiar el fondo marino.

Con los años, y gracias a la tecnología, el periscopio ha evolucionado hasta convertirse en el instrumento que hoy conocemos. Es una herramienta imprescindible en todo tipo de submarinos; como los de investigación, que analizan el fondo marino y descubren sus montañas, valles y múltiples especies.

A veces sucede que, de una inventora, no existen registros de su nacimiento, de quiénes fueron sus familiares o de dónde vivió. En ocasiones, no encontramos ni siquiera una fotografía de ella. Pero sí contamos con algo que sobrevive en el tiempo: sus inventos.

Helen es una de las mayores expertas mundiales en sistemas de diagnóstico. Actualmente está retirada de la investigación de primera línea, aunque sigue centrada en impulsar la educación científica en la sociedad, especialmente entre las mujeres y las personas más desfavorecidas.

LAS
PRUEBAS DE
DIAGNÓSTICO

Helen Murray Free

Nació en Pensilvania, Estados Unidos, en 1923. A pesar de que su idea inicial era estudiar filología inglesa y latín, acabó especializándose en química. Nada más acabar la carrera, comenzó a trabajar en unos laboratorios como investigadora.

Junto con su marido, creó las primeras pruebas de diagnóstico para diferentes enfermedades (como la diabetes). Las pruebas de diagnóstico son sistemas rápidos que los médicos emplean para decirnos si estamos enfermos. Para que te hagas una idea, en vez de sacar sangre con una jeringa, se utilizan tiras que cambian de color (con la orina o la saliva, por ejemplo) para indicar si el paciente está sano o no.

EL BOTE SALVAVIDAS

Maria Beasley

Nació en Filadelfia, Estados Unidos, en 1947. Fue una gran empresaria, inventora y emprendedora, que pasó por muchos trabajos distintos antes de hacerse rica con sus inventos.

A Maria le gustaba mejorar inventos que ya existían. En este caso, ideó un bote más fácil y rápido de usar, puesto que podía funcionar por ambos lados indistintamente; es decir, incluso si se caía al agua del revés, flotaba y podía albergar a pasajeros. Además, incluía receptáculos herméticos para guardar provisiones. ¡Todo un avance!

El bote salvavidas que inventó se comercializó en un momento en que sufrir un naufragio no era extraño e implicaba un gran peligro de muerte: no existían patrullas de salvamento y mucha gente no sabía nadar.

Aunque parezca mentira, su invento no fue tomado en serio hasta el hundimiento del Titanic (una de las grandes catástrofes marítimas del siglo XX). Los botes salvavidas que Maria había inventado fueron los que se encontraban en el transatlántico, pero por desgracia no había suficientes y no pudieron salvar la vida de todos los pasajeros.

EL LIMPIAPARABRISAS

Mary Anderson

Fue una mujer de negocios que vivía en Alabama, Estados Unidos.

En el invierno de 1903, Mary hizo un viaje en tranvía por Nueva York. Fue incómodo e interminable, ya que llovía a raudales y el conductor se veía obligado a bajar a cada momento para limpiar la lluvia y la nieve del cristal, y así seguir avanzando sin peligro. Aquello la inspiró para crear el primer limpiaparabrisas.

Para Mary lo más complicado no fue fabricar su invento, sino registrarlo. ¡¿Te lo puedes creer?! En 1905, las mujeres necesitaban a un hombre —su padre, su marido o su hermano— para poder registrar sus creaciones. Mary no se dio por vencida, le costó más de dos años, pero consiguió registrar la idea a su propio nombre.

El primer limpiaparabrisas era una lámina de goma unida a un brazo metálico móvil con resortes, que a su vez iba unido a una palanca que estaba en el interior del vehículo. De esta manera tan sencilla, el conductor podía accionar la palanca y, por tanto, limpiar el cristal sin bajarse a cada momento del coche.

EL ABUELO DEL *E-BOOK*

Ángela Ruiz Robles

Fue una entusiasta e innovadora inventora nacida en Villamanín, España, en 1895. Estudió Magisterio y durante años impartió clases y fue directora de varias escuelas e institutos, además de escritora.

Ángela fue la creadora del abuelo del *e-book* actual, llamado «enciclopedia mecánica». El invento consistía en un soporte donde se podían leer distintos libros, gracias a unos carretes que los contenían y se podían intercambiar, según la obra que se deseara leer. ¡Tenía luz e incluso podía incorporar sonido!

A pesar de ser un ingenio realmente moderno para su época (que permitía a los alumnos llevarlo de casa a la escuela, y a los profesores añadir sus propios materiales), nadie apostó por él, por lo que su invento cayó en el olvido.

Años más tarde, otros aprovecharían sus ideas para diseñar los libros electrónicos que usamos hoy en día.